# BUENOS AIRES POR ARTE DE MAGIA

Que es la que nos hace sobrevivir
a las orillas del Plata

afectuosamente

*[firma]*

19-3-87

Dirección General
**José Horacio Gaglianone**

Coordinación
**Oscar Aimar**

Asesor Editorial
**Dr. Julio Suaya**

Diseño Gráfico
**Luis Wells**

Impreso en Argentina/Printed in Argentina

**Ediciones de Arte Gaglianone**
Chilavert 1146
1437 Buenos Aires/Argentina

ISBN 950-9004-76-6

# BUENOS AIRES
# POR ARTE DE MAGIA

Anikó Szabó

Eduardo Gudiño Kieffer

EDICIONES DE ARTE GAGLIANONE

Si Buenos Aires me inventó
a mí
¿Por qué no podría yo inventar
a Buenos Aires?

Eduardo Gudiño Kieffer

Este libro no transita por los aburridos carriles de la Historia.

Prefiere las vías no tan muertas de la leyenda, los anacronismos, la magia que Buenos Aires necesita para SER.

Por eso los textos están dedicados a dos almas que amo: las de Bartolito Mitre y su mujer, Blanca Isabel Álvarez de Toledo.

Y a los duendes que revolotean por su casa.

Eduardo Gudiño Kieffer

# P A L O M A S

*"...una mujer llamada Ana Díaz, que era viuda, quiso venir a la nueva ciudad..."*

Pedro Lozano: HISTORIA DE LA CONQUISTA DEL PARAGUAY, RIO DE LA PLATA Y TUCUMAN, Bs. As., 1873.

Ahora, o hace un momento, o tal vez dentro de unos instantes o de unos siglos o siempre o quizás ahora.

Ahora, sí, justamente ahora, ahora que puede ser ayer, o talvez dentro de unos instantes o de unos siglos o siempre; ahora 11 de Junio de 1580, mientras Juan de Garay desenvaina la espada y pronuncia solemnes palabras de fundación rodeado por sus hombres —tan entecos, tan ojerosos, tan consumidos, tan hidalgos y mancebos de la tierra—; ahora, bajo la llovizna de múltiples colmillos feroces, junto al río mar que se desata en aguas henchidas de viento, con el ladrido de los perros cimarrones dentellando y destellando en la desmedida ausencia de paisaje;

ahora es cuando Ana Díaz suelta sus palomas.

Son dos, solamente dos; las ha traído desde Asunción protegiéndolas durante el largo viaje, abrigándolas en una cesta de mimbre, privándose de comida para alimentarlas, zureando para ellas tibias palabras emplumadas. Oh, sí, todos se reían, decían que las palomas serían un exquisito manjar, que las guisarían en cuanto su dueña se descuidara. Pero reían con miedo, se apartaban al verla, cuchicheaban entre sí. La palabra "bruja", guijarro mágico, trozo de espejo roto, piedra de la locura, se estrellaba contra sí misma al paso de Ana Díaz que allá, en Asunción, se aureolaba con una amarilla fama de hechicera. Los vecinos iban a verla para pedirle cocidos de mburucuyá, útiles para abrir, desopilar y adelgazar humores; o menjunjes de pelo de choclo para mitigar los ardores de la fiebre; o esas pequeñas bolsas que contenían lenguas y uñas de mainumbí — mínimo pájaro que nace larva y muere flor—, sesos de iguana y anillos de víbora cascabel, bolsas que colgadas junto al pecho eran verdaderos escudos de plata contra el mal de ojo. No los sorprendía demasiado que ella fuese capaz de descifrar extraños mensajes en el vuelo de las aves, sabiduría heredera de lejanos ancestros que aquí y ahora,

aquí, aquí, aquí,

ahora, ahora, ahora,

aquí y ahora Ana Díaz pone nuevamente en práctica al abrir la cesta de mimbre, al tomar entre sus manos vegetales las palomas temblorosas, al lanzarlas al aire, al seguir con los párpados entrecerrados la curva que describen hacia lo alto, la blanca sedeña rúbrica que trazan sobre el viscoso gris del cielo; al dejarse llevar por la visión que el garabato alado despierta en su memoria intemporal:

la visión de una amplísima avenida que divide a la naciente Ciudad de los Césares,

las palmeras empenachadas al alcance de la mano,

el obelisco lejos, en el centro,

la babélica torre allá, tan lejos y tan cerca;

los extraños carros que se deslizan sin caballos; y las palomas que se multiplican, las palomas que llevan guirnaldas en los picos, que anuncian lo que fue y recuerdan lo que será, lo que es;

las palomas de Ana Díaz, que arrullarán ayer, que arrullaron mañana el perpetuo ser y estar de Buenos Aires,

fundada hace un momento, o tal vez dentro de unos instantes o de unos siglos o siempre o quizás ahora.

# LABERINTO

Plinio decía que había cinco grandes laberintos: el de Egipto en el lago Mocris, los dos de Creta en Cnossos y Gortyna, el griego en la isla Lemnos y el etrusco en Clusium. Nadie duda de tantas míticas verdades, pero hay otra verdad que Plinio no sospechaba: el laberinto de Buenos Aires que es cima y sima, torbellino y movimiento geométrico de astros, santuario e infierno. Todo al mismo tiempo.

En él se entrecruzan calles, avenidas, vías de ferrocarril; se yerguen altísimas torres y guiñan innumerables ventanas; se anudan casas, recovas, portales. En él es posible ocultarse bajo la complicidad rosada del palo borracho, árbol cuyas hojas son de plumas de flamenco, o desaparecer con la ayuda de algún automóvil errático y errante, o introducirse en la intrincada red que es el emblema de la divina inescrutabilidad. Nunca, nunca jamás podrás conocer el último secreto del laberinto de Buenos Aires. Y una vez que hayas entrado, nunca, nunca jamás podrás salir de él porque no hay hilos de Ariadna que te guíen, sino telarañas de amor de las que es imposible despegarse.

El laberinto es el territorio de la Vida, y por eso es el territorio de la muerte.

Pero no temas: ni la Vida ni la Muerte son tus enemigas; están en el laberinto para ayudarte a buscar el Conocimiento. No importa si no lo encuentras; lo que importa es la búsqueda misma. Recorrerás meandros indecisos, rectas infinitas, calles sin salida; tropezarás ineluctablemente con las barreras infranqueables que protegen el núcleo de la única verdad, la que nunca llegamos a ver.

Sí, te perderás en el laberinto de Buenos

Aires. Mejor así, porque sólo el que se pierde es capaz de encontrarse a sí mismo.

# MÁYUP MAMAN (*)

Lo que ves es lo que ves: las dársenas, los muelles, las construcciones del hombre que violan las aguas amarillentas de este río que se llama de la Plata por una ilusión jamás cumplida. Lo que ves es lo que ves: barcos de distintas banderas, mástiles, grúas, hormiguear de camiones, automóviles y trenes; árboles que se aburren porque ningún marinero se enamora de ellos; no, los marineros no pueden enamorarse de seres que, aunque vivientes, están condenados a permanecer siempre inmóviles en el mismo lugar. Lo que ves es lo que ves: el puerto de Buenos Aires, razón por la que fue fundada esta ciudad. Acuérdate, Juan de Garay decía "hay que abrir puertas a la tierra". Puertas: puerto.

¿Pero y lo que no ves? Lo que no ves es lo que está debajo de las aguas, que ni siquiera contaminadas pueden acabar con la absoluta verdad de lo increíble. Lo que no ves se llama Máyup Maman, y es tan bella como la flor del irupé, y tiene piel de sol y vísceras de luna, y voz de colmena insonora, y cabellos de hilos de oro que peina con un gajo de ulúa o una *ñajcha* (espinazo) de pescado, y la mitad inferior de su cuerpo es una constelación iridiscente de escamas en meandros luminosos y titilantes, como arroyuelos de piedras preciosas.

Buenos Aires, dicen con cierta razón, es una ciudad europea transplantada al sur del sur. Los inmigrantes que la poblaron trajeron con ellos duendes, hadas, fadets y farfadets, lutines y hechiceras, gnomos y alquimistas importados que hace siglos tienen carta de ciudadanía. Sin embargo, también es una ciudad latinoamericana, y no resulta raro descubrir en ella seres sobrenaturales de esta tierra, como el pujllay diaguita calchaquí que vaga entre los disfrazados del corso de la Avenida de Mayo, o como el Yasí Yateré guaraní que persigue a chicas distraídas a la hora de la siesta. O como Máyup Maman, que tiene su palacio bajo las sucias aguas del puerto.

Hace añares pero lo que se dice añares, Máyup Maman vivía en el Río Dulce, cerca de Esteco, la primera ciudad fundada por los españoles en lo que hoy es territorio argentino. Ella, Máyup Maman, habitaba el río desde muchísimo antes, y probablemente fue la que denunció a otros dioses indígenas la corrupción de los habitantes de Esteco, cuya soberbia despertó el enojo de los Padres de la Tierra y el cataclismo que destruyó la ciudad. No obstante, Máyup Maman se quedó por mucho tiempo allí, cuidando de los desdichados sobrevivientes, guardando para ellos, en grandes tinajas de barro, las gotas de lluvia que necesitaban en épocas de sequía, anunciando con un canto que sonaba como viento entre los algarrobos las terribles crecidas, o atrapando nubes huidizas para pincharlas con espinas de pescado, y lograr que soltaran los chaparrones necesarios para saciar la sed de la tierra.

Con el tiempo —que no existe pero que transcurre—, Máyup Maman se dejó arrastrar por las corrientes que desembocaban en el Paraná, y desde el Paraná vino a parar al Río de la Plata, y aquí descubrió el Puerto de Buenos Aires que se llenaba de barcos —la mayoría extranjeros—, que se llevaban en sus bodegas casi todas las riquezas de su tierra. Y entonces decidió que este Puerto sería su definitiva morada, secreto que compartimos. Y decidió también que, desde su palacio subacuático, seguiría defendiendo a su gente y lo que era de su gente, aunque su gente ignorase que ella velaba desde el fondo.

Hay muchos barcos piratas hundidos en el Río de la Plata: son los que hizo naufragar Máyup Maman encantando a bucaneros y comerciantes sin escrúpulos con cantos de sirena, enloqueciendo sus brújulas, sus velas, sus sextantes, sus tripulantes. Hay otros barcos que llegaron a destino: son los que Máyup Maman condujo y amarró serenamente, porque de ellos descendieron los inmigrantes que se sumaron a los criollos para construir este país.

(*) La historia de Máyup Maman está en un libro delicioso de Adolfo Colombres, titulado SERES SOBRENATURALES DE LA CULTURA POPULAR ARGENTINA (Biblioteca de Cultura Popular —Ediciones del Sol—. Hay que leerlo para conocernos mejor.)

# FANTASMA

Seamos sinceros: en Buenos Aires no hay tesoros arquitectónicos coloniales como en Lima o en México. En esas ciudades los conquistadores encontraban oro y plata, aquí solamente barro. En esas ciudades edificaban templos católicos sobre templos incas o aztecas, aquí edificaron modestas iglesias con lo que podían y como podían. No obstante, la iglesia del Pilar tiene cierta antiquísima gracia, cierto donaire que rima con Buenos Aires. En parte por sus simples líneas ascéticas, por su modestia, por el paisaje que la rodea. Pero también y sobre todo porque alberga un fantasma.

En el mes de enero de 1906 se murió Nicolás de la Peña, a la edad de catorce años y sin que ningún médico pudiera diagnosticar nada. Fue sepultado en el cementerio de la Recoleta, al ladito del Pilar. Un entierro modesto, con poca gente que se hacía lenguas de la belleza del cadáver, tan vital en su inmovilidad, tan pálido él, tan romántico él, tan pero tan joven él.

Debo decir que Nicolás no murió en paz. Y no murió en paz porque en su corta vida jamás se había enamorado, y porque para lograr un buen diálogo con Dios y un eterno descanso, primero hay que fatigarse conociendo (en el sentido bíblico y en cualquier otro) a una mujer.

Nicolás, cuando se fueron deudos y lloronas, salió de su jaula corpórea como una nube adolescente, y por la noche se dedicó a recorrer calles y avenidas del cementerio. Pero había allí demasiados espectros chismosos de caballeros paquetísimos y de damas del Club del Progreso, de políticos de comité y de señoras que en vida se dedicaran a la caridad que no empieza por casa. Decidió entonces albergarse en un lugar donde no tuviera que seguir sufriendo el martirio del mundanal ruido. Y eligió la vecina iglesia, allí ronroneaban serenamente los ecos de plegarias sinceras, y se percibían humedades de lágrimas de verdadero arrepentimiento. Vagó y divagó entre estatuas de santos, conversó con las sagradas imágenes, se hizo amigo de ángeles, serafines y querubines. Durante la noche, por supuesto, ya que sólo durante la noche los fantasmas son libres. Al llegar el día, para no asustar a las ovejas del rebaño del Señor, subía a esconderse en lo alto del campanario.

¡Almita en pena por no haberse enamorado en vida! Claro que el Destino es sabio, y las cosas que no suceden en la vida suelen suceder en la muerte. Pasaron casi ochenta años, y al fin pasó lo que pasó.

Una mañana de verano, asomado al ventanuco de la torre, el fantasma de Nicolás vio que allá abajo paseaba una chica en bicicleta. Y sintió en esa nube adolescente que era su única esencia un cosquilleo como de piel y de sangre, un terremoto de células rebeldes, un escozor de

tiempo y espacio. Eso que llaman amor.

Rompiendo todos los reglamentos concernientes a los espíritus, Nicolás bajó flotando las escaleras, recorrió flotando la nave del templo, flotando atravesó la puerta y, sin saber ni cómo ni por qué, se encontró flotando sobre una bicicleta que pronto, muy pronto, se puso a la par de aquella en la que pedaleaba la chica lánguida y luminosa como las flores de jacarandá que llovían a su alrededor.

— Yo soy Nicolás —dijo él.

— Yo soy Alejandra —dijo ella.

— Sos tan linda que no parecés real —dijo él.

— Es que tal vez soy un fantasma —dijo ella.

Y no te cuento más. Tan solo te digo que, mejor que descansar en paz, es cansarse en la guerra del amor. Sobre todo si empieza en bicicleta.

# NINFA Y FOTOGRAFO

Ella es blanca, él es gris. Los verás todos los días en el Jardín Botánico y quizás no te des cuenta, pero si prestas atención advertirás que él gira a su alrededor, siempre acechándola, aunque parezca ensimismado en su oficio de sacar fotografías a los chicos, a las parejas, a los solitarios que frecuentan el lugar. En realidad, su obsesión es observar disimuladamente a la ninfa, espiarla, atisbarla cuando se cubre con ese paño oscuro para simular que pone en funcionamiento su vetusto aparato, que le permitirá eternizar a los ingenuos visitantes en un rectangulito melancólico para el álbum familiar.

El fotógrafo intuye que la ninfa lo engaña, intuye que cuando él no la ve, ella mete delicadamente la punta del pie en el agua, o ladea la cabeza (¡coqueta!), o se acomoda en feminísimo gesto la túnica que se le ha deslizado hasta las mórbidas caderas; todo para desafiarlo y ganar siempre la apuesta jamás formulada ya que, cuando él se vuelve de repente, con brusquedad, para sorprenderla en una mínima traición, ella ha recuperado su hierática, afectada actitud de pudor no tan púdico, de indiferencia no tan indiferente.

Detrás, lejos, la graciosa mole del castillejo bosteza de aburrimiento. En cambio las flores, las plantas y los árboles cercanos se divierten y se burlan; saben del juego cotidiano entre la ninfa y el fotógrafo, apuestan a la belleza de ella y se burlan de la opacidad de él, de su enamoramiento que creen inútil; son cómplices de la ninfa y con un susurro de frondas ríen cuando logra engañarlo. Y ella lo engaña siempre... mientras dura la luz del sol.

Porque cuando oscurece y se cierran las puertas del Botánico, cuando todo duerme menos los gatos —ojos fosforescentes, sombras sinuosas—

la ninfa se cree libre y sale de su aislamiento en el estanque para corretear feliz entre los troncos, entre los matorrales. Y al fotógrafo se le caen las vestimentas tenebrosas y aparece su piel dorada, aparece su barba hirsuta, aparece su larga cabellera, aparece la corona de pámpanos ciñéndole la frente; las viejas piernas endebles se transforman en velludas, veloces, poderosas patas de chivo; su máquina destartalada toma la forma de un melodioso caramillo. El fotógrafo es el fauno que persigue a la ninfa por los meandrosos senderos del parque hechizado. Y no debes extrañarte si, desde las calles aledañas, oyes risas sofocadas, gritos ahogados, misteriosos jadeos. Es la música del amor, que cesa con los primeros rayos del sol, cuando la ninfa debe retornar a su inmovilidad en el centro del estanque, cuando el sátiro es nuevamente un fotógrafo gris acechando a una estatua.

# KORRIGANS

Ahí está, discreta y pudorosa, tratando de pasar desapercibida pese a su aire europeo, aire de mínimo castillo o de *manoir*. Casi todos pasan sin verla; mejor para ellos porque se asustarían si advirtieran ciertos detalles. Por ejemplo: las ventanas del frente miran hacia la calle, es decir al mañana; las del fondo miran hacia el jardín trasero, es decir al ayer. Las de los costados miran... bueno, bah, viva Perogrullo, a los costados. Es decir al ahora. La casa está situada exactamente en el centro de la esfera del Tiempo. En la calle Heredia, Buenos Aires. No se lo digas a nadie, es un secreto entre nosotros.

Suceden cosas extrañas dentro de la casa, y es mejor que las sepas por si alguna vez te decides a entrar. Pero para eso debo confiarte otro secreto.

Hace unos cuantos años vivía en Douarnenez, ciudad de Bretaña (Francia), un joven que tenía muchos títulos de nobleza y poquísimo dinero, muchas ganas de ser rico y poquísimas ganas de trabajar. Su abuela —el muchacho no tenía ni padre ni madre—, cansada de darle consejos, le sugirió que probara fortuna en otras latitudes allende el mar, y le habló de un país cuyo nombre tintineaba a plata: Argentina. Y de una ciudad cuyo nombre olía a primavera: Buenos Aires. ¿Por qué no intentar allí? Decían que era una tierra feraz y generosa; decían que con esfuerzo no era difícil medrar, crecer y, sobre todo, encontrarse con uno mismo.

El joven creía más en el azar que en sus propias capacidades, y se dejó seducir por la idea. Pero no pensaba partir con las manos vacías, y pidió a su abuela una suma contante y sonante. La anciana le dio lo poco que tenía, suficiente para que el nieto se desenvolviera durante sus primeros meses en tan lejano y desconocido lugar. Le entregó también un cofre antiquísimo, murmurando insistentemente una recomendación: que sólo lo abriera en caso de total, absoluta y definitiva melancolía y en la noche que separa al día de Todos los Santos del día de los Santos Difuntos: es decir entre el primero y el dos de noviembre. Aclaró que en el interior no había dinero, bonos o documentos negociables; se trataba nada más y nada menos que de un poquito de la tradición bretona. Y añadió que —¡por favor!— obedeciera a lo que esa sabia tradición le indicara en el momento. "Caprichos de vieja, ocurrencias seniles", se dijo el joven, pensando que el cofre estaría lleno de objetos sin valor material, potiches, fruslerías, chucherías, baratijas. Y lo metió en uno de los baúles de su equipaje.

Cuando llegó a Buenos Aires —el clima era tal que pensó más bien en Malos Aires—, después de idas y venidas, vueltas y revueltas, descubrió la casa de la calle Heredia. Ignoraba que está situada justamente en el centro de la esfera del Tiempo, pero la encontró adecuada, quizás porque se parecía remotamente a alguna mansión de Douarnenez. Se instaló en ella, se dejó envolver por su inabarcable cuerpo, por una constante vigilia de escaleras murmuradoras y de paredes implacables. De las ventanas ni se dio cuenta.

Poco le duró la suma que le diera su abuela; lo que no gastó en ropas y señoritas de vida alegre lo dilapidó en el juego. Habían pasado apenas dos meses cuando se encontró con que no tenía ni un céntimo. Incapaz de trabajar, incapaz también de esa melancolía tan necesaria cuando uno intenta encontrarse en el espejo de la conciencia, recordó aquel cofre. Probablemente los potiches, las fruslerías, las chucherías, las baratijas no eran tales. Probablemente tenían el valor de la antigüedad o del exotismo. Probablemente eran objetos vendibles en lo de algún cambalachero. Probablemente le proporcionaran los billetes necesarios para volver a intentar fortuna en el garito que frecuentaba.

Y justamente en la noche que separa al día de Todos los Santos del día de los Santos Difuntos, lo abrió. Daban las doce en el solemne reloj de pie. En el interior no había ni potiches, ni fruslerías, ni chucherías, ni baratijas. Tampoco antiguallas valiosas, tentaciones de coleccionistas. El cofre estaba lleno de carcajadas. Sí, carcajadas que brotaron en surtidores, en chijetadas, en rotundos espadañazos para dejar poco a poco de ser sonido y corporizarse en hombrecitos y mujercitas minúsculos, gesticulantes, vestidos como

los campesinos bretones de antaño. Pronto estuvieron sobre la mesa, saltaron al piso, se multiplicaron en una loca ronda ridícula y amenazante a la vez. El joven se vio rodeado por ellos que lo invitaban a jugar, que exigían su participación en el aquelarre de los korrigans. Porque eran korrigans, duendes, espíritus de los muertos empequeñecidos en esa eternidad que sólo se hace evidente en la casa que está en el centro de la esfera del tiempo. Los korrigans habían venido con el viajero; si allá en Bretaña danzaban alrededor de las piedras hechizadas y de los menhires, aquí lo hacían alrededor del incrédulo. Y todo se movía: los muebles, los cuadros, las alfombras; incorporándose al rito de los espíritus, participando del juego mortal. Juego mortal como el de sus congéneres, que manifiestan su amistad a quienes les son fieles y su enemistad a quienes piensan que son una mentira. Los korrigans, como en su país natal, invitaban al muchacho de Douarnenez a jugar con ellos. Y él no tuvo más remedio que aceptar, porque cada negativa reduce un poco más la pecaria existencia del duende y ellos temen desaparecer para siempre.

Nadie vio nunca más al muchacho bretón. Ni siquiera la mujer que lo amaba. Ni siquiera el hombre a quien debía una suma poco menos que fabulosa, perdida jugando al truco.

Pero yo sé que está en la casa del centro de la esfera del Tiempo, aquí en Buenos Aires, en la calle Heredia. Ahora es uno de los korrigans que se esconden en cualquiera de sus rincones. Si entrás no te podrás rehusar a jugar con ellos, y por ende a convertirte en uno de ellos. ¿Que cómo lo sé? Pues bien, voy a decírtelo: lo sé porque nací un 2 de noviembre, día de los korrigans, día de los Muertos.

# C I S N E

Están las empenachadas palmeras altivas, los árboles en flor y las flores que escapan de los árboles para flotar como estrellas multicolores en un cielo traslúcido;

están las mariposas que también son flores pero vaya uno a saber, en una de ésas las flores son mariposas. Si hay magia en la realidad, también hay realidad en la magia. Los automóviles que creen aplastar para siempre flores y mariposas se engañan: si bien sus ruedas pasan por encima de pétalos o de alas, sucede que sólo logran que nuevas alas broten de los pétalos y nuevos pétalos de las alas.

Está, un poquito más atrás, la nave espacial del Planetario, serenamente posada en los jardines de Palermo para que los audaces entren a conocer el espacio. Y está el pequeño lago artifi-

cial, lleno de ocas. Son muy respetables las ocas (uno las llama gansos, es más fácil), y tienen muchísimas cosas para contar. Pero aquí no se trata de ellas sino del cisne que suele aparecer por allí. Basta que prestes un poco de atención para que lo distingas; él trata de confundirse con las otras palmípedas pero imposible, lo delata su largo cuello curvilíneo, lo denuncia su porte real.

De él, del cisne, voy a hablarte. Dicen que transportaba dioses o chicos traviesos en su vuelo. Dicen que fue conductor del carro de Apolo, divinidad de los antiguos griegos, dispersando por el mundo la luz del País de los Hiperbóreos y con ella el conocimiento absoluto. Dicen que arrastraba la nave de oro de Lohengrin cuando, enviado por el Santo Graal, descendió por el Río de la Vida trayendo esperanzas para los agobiados por el Destino. Dicen que en su aspecto femenino puede convertirse en doncella, y que en su aspecto masculino fue utilizado por Zeus para seducir a la bella Leda. Dicen que canta sólo una vez: en el momento del orgasmo o de la muerte, que de algún modo son la misma cosa.

Pero si tantas cosas mágicas y seguramente ciertas se dicen del cisne: ¿qué hace él aquí, mezclándose como uno más entre los gansos de un lago de Palermo? ¿Qué nos oculta, qué disimula? Es un secreto sólo para iniciados, y como este libro es un grimorio te lo confío: todas las noches el ave entra en el Planetario, y sus plumas se convierten en pétalos y mariposas como los de afuera, y pétalos y mariposas se convierten a su vez en estrellas, y esas estrellas van a posarse en la alta bóveda azul para dibujar en ella la Constelación del Cisne, que indica a los que tienen imaginación el luminoso camino de la felicidad.

# ROSAS

Rosas, rosas en el rosedal de los jardines de Palermo. Rosas palpitantes que nombran con sus distintos colores la efímera realidad de la belleza; rosas pálidas, rosas incendiadas, rosas crepusculares; una perfumada galaxia de rosas.

Hay, entre todas, una rosa imposible: es la rosa azul. Es la rosa absoluta, la que sólo los elegidos pueden ver una sola vez en su vida, y únicamente durante un segundo, a la hora en que se pone el sol. Esa rosa es el centro místico, el mandala de la variedad y la unidad, del cuerpo y del espíritu, de lo temporal y lo intemporal. Todas sus compañeras la protegen porque ella representa las analogías entre el Macrocosmos y el Microcosmos, entre lo infinitamente grande y lo infinitamente pequeño; la hermandad entre el Aire, la Tierra, el Fuego y el Agua.

Puedes cortar cualquier rosa del rosedal de Palermo; sólo cometerás una travesura, un pecado venial, un ínfimo robo. ¡Pero cuidado! No cortes la rosa azul si tienes alguna vez el privilegio de verla. Todas las otras rosas sangrarán en silencio, y tú no sentirás ni siquiera el rasguño de una espina. Te sucederá otra cosa, terriblemente bella y atroz; te darás cuenta de que tu cuerpo se empequeñece, que se vuelve mórbido y terso, que se cubre de pétalos azules. Sí, al cortar la rosa azul serás la rosa azul y quedarás amarrado al rosal mágico. Hasta que otro rompa el encantamiento y a su vez te corte, para asumir la ausencia de la rosa hechizada y ocupar tu lugar, ese que ahora es ninguna parte.

# SALAMANCA

El Teatro Colón de Buenos Aires es uno de los más bellos y prestigiosos teatros del mundo, no hace falta que yo te lo diga porque sin duda ya lo sabes. Como todos los grandes teatros líricos está lleno de voces que siguen cantando cuando la función ha terminado y todos se han ido; de sílfides y cisnes y de walkyrias y de príncipes fantasmagóricos que siguen bailando cuando la función ha terminado, cuando todos se han ido; de presencias invisibles e intangibles que no se corporizan pero que están siempre por allí, cuando la función ha terminado y todos se han ido.

Pero el Colón es también algo que ningún otro teatro es. Es una Salamanca. Ya te lo cuento tal como me lo contó Cecilio Madanes, a quien creo a pie en juntillas porque no sólo tiene ojos en la cara sino también en el alma, no sólo sabe mirar hacia afuera sino también hacia adentro, y que ama al que vulgarmente y pomposamente llaman nuestro "primer coliseo" como lo que realmente es: un lugar hechizado.

Dice Cecilio que una noche representaban "Fausto", esa ópera cuyos protagonistas son un viejo sabio que quiere ser siempre joven y siempre amado, y Mefistófeles, el diablo. Cecilio estaba en la entrada cuando vio algo realmente insólito: entre los automóviles de los que bajaban señores de etiqueta y damas cubiertas de pieles y joyas, apareció un caballo lustroso como el azabache, oscuro como la noche, montado por un hombre vestido a la usanza de un gaucho rico. Soberbio, apuesto, saltó del caballo al tiempo que estallaba un trueno. Vestía ropa fina y negra, chiripá también negro, puñal con mango de ébano, espuelas y rebenque de oro y plata. Se mezcló entre la gente y ocupó, solo, uno de los palcos principales. Pese a la inusual vestimenta, era imposible reprocharle alguna incorrección; además su rostro pálido, anguloso y bellísimo, con un fino bigote tenebroso orlando los labios carmesíes, sus ojos almendrados y fosforescentes, inspiraban más que respeto, más bien algo parecido al temor.

Cecilio no dijo nada, pero intuyó que no era un cualquiera, sino algo sobrenatural. ¿Mefistófeles, el de la ópera? No exactamente, sino su encarnación en estas tierras: era el Supay del antiquísimo Incario mezclado con el Demonio de los heresiarcas europeos, es un fenómeno de sincretismo bastante común en nuestra América Latina y, por qué no, también en Buenos Aires.

Oh, por cierto, el Supay no es personaje benévolo, pero sabe alternar —siempre lo supo— con la alta sociedad de las noches de estreno. Si bien puede encarnar misterios de la selva o de la montaña, provocar pestes y calamidades, también puede disfrutar de la ópera. Lo mejor —pensó Cecilio— era dejarlo tranquilo y no intentar convencerlo para que se fuera; en una de ésas el Supay lo convencía y él, pobre mortal sujeto a todas las tentaciones, terminaba firmando un pacto diabólico y vendiéndole su alma.

Lo curioso es que lo vio entrar . . . pero no lo vio salir. El caballo desapareció galopando por la calle Libertad, calle que aman todos los caballos, y su jinete desapareció también pero dentro del teatro, que es otro laberinto dentro del laberinto de Buenos Aires. ¿Por qué había preferido quedarse allí? Porque los templos del Supay son las Salamancas, esas cavernas misteriosas donde se celebran aquelarres y funciona la escuela del infierno, donde la magia es realidad y la realidad es magia. Pero todas las Salamancas del interior de la Argentina han sido violadas y mancilladas por el turismo; en ellas no se venera a Lucifer sino que se comercia con sus supuestas imágenes, sus supuestos amuletos, sus supuestos maleficios.

El Supay ya no tenía morada en ninguna provincia, en ninguna agreste serranía, en ningún bosque hirsuto. Y había venido a buscar una Salamanca en Buenos Aires. ¿Dónde encontrarla sino en el Teatro Colón, donde los hechizos son cosa de todas las noches; donde la música sigue sonando aunque haya callado la orquesta; donde seguramente puede encontrarse el anillo de los Nibelungos, donde la *Gesamtkunstwerk*, "el trabajo de todas las artes; el arte total" preconizado por Wagner para designar la obra que reúne todos los elementos artísticos en un todo orgánico, que vive eternamente; donde la danza se arremolina eternamente; donde Thais la prostituta y Juana de Arco la santa se toman de la mano eternamente; donde la farsa y la tragedia conviven eternamente?

Sí, Cecilio Madanes tiene razón: el Supay se

ha quedado por siempre en el Teatro Colón; el Teatro Colón, de noche, cuando creemos que está desierto, vacío, solitario, es la Salamanca de Buenos Aires.

# HOMÚNCULOS

Hay centenares de cúpulas en Buenos Aires. Casi todas están encantadas pero los porteños, siempre de prisa, siempre obnubilados por citas, horarios y otras preocupaciones materiales no se dan cuenta. Ellos se lo pierden.

Entre esas cúpulas está la del Barolo, la más elevada que ves en la pintura de Aniko. El Barolo fue alguna vez el edificio más alto de Buenos Aires, y todavía se levanta orgulloso en la Avenida de Mayo, aunque otras construcciones más modernas que pretenden en vano tocar el cielo, intentan empequeñecerlo. Al Barolo no le importa, está muy satisfecho consigo mismo porque sabe que allá arriba, muy alto, en su propia coronilla, habitan seres mágicos que lo eligieron a él por ser él, así de anticuado, así de arquitectónicamente recargado, así de así.

Había una vez —y esto no es cuento— un sabio que vivía en Viena: el conde Kueffstein, chambelán de la emperatriz María Teresa de Austria. La historia que voy a contarte fue confirmada por su valet de cámara y confidente: Joseph Kammerer. Yo la leí en un libro negro titulado *"Dictionaire Initiatique"*, cuyo autor es Hervé Masson.

El conde Kueffstein había estudiado la sabiduría de Paracelso, mago que, entre otras maravillas, había logrado crear homúnculos. Los homúnculos son pequeñísimos seres vivientes hechos artificialmente a imagen y semejanza del hombre aunque por sus costumbres no se le parecían, puesto que se alimentaban de aire y carecían de peso y de sexo.

Entusiasmado ante la posibilidad de lograr él mismo lo que decía haber logrado Paracelso, el conde Kueffstein trabajó en su laboratorio, entre alambiques, redomas y retortas, leyendo grimo-

41

rios y tratados de demonología, mezclando en fórmulas complicadas elementos tan diversos como sangre humana, savia vegetal, *haoma* (el brebaje de la inmortalidad de la tradición avéstica), pétalos de loto y montones de cosas más que no enumero aquí para no complicar el cuento.

Los resultados obtenidos por el conde Kueffstein fueron fantásticos. Porque no quiso recurrir solamente a las cosas del diablo para crear sus homúnculos, sino que también consultó al abate Géloni, quien no contento con ser abate era además francmasón y rosacruz, es decir un hombre preocupado por la Humanidad como un Todo. Con la ayuda de Géloni y de sus conocimientos, el conde consiguió al fin crear diez homúnculos: un rey, una reina, un arquitecto, un monje, un minero, una monja, un serafín, un caballero, un espíritu "azul" y un espíritu "rojo". Dice Masson: "Bendecidos por el abate, fueron lavados con agua bendita, luego tratados con estiércol y basura hasta que se convirtieron en adultos". El conde expuso sus pequeños monstruos en Viena, para regocijo de la emperatriz y de la corte, y se asegura que muchos contemporáneos pudieron verlos y comprobar la realidad de su existencia. Nunca la de su esencia.

Hasta aquí lo que puede ser Historia, y ya sabemos que la Historia es nada más que una anécdota. Ahora empieza lo que puede aproximarse remotamente a la verdad.

Pasaron años, no sabemos cuántos. Y un día todos los relojes se pusieron de acuerdo para dar las últimas campanadas correspondientes a la vida del conde Kueffstein, que había pasado sus años postreros en compañía de los homúnculos. Estos artificiales hombrecitos se parecían, según el escritor y diplomático Max de Lamberg, a "horribles sapos". Yo creo que no, creo que eran un digno rey, una bella reina, un solemne arquitecto, un monje discreto, un minero trabajador, una monja pudorosa, un serafín angélico, un caballero nobilísimo y dos espíritus: uno azul tan azul como puede ser el azul, y otro rojo tan rojo como el rojo. Decían también los testigos que estos seres, que no hablaban con nadie, habían sido concebidos sin la unión sexual del Sol y de la Luna, y que eran de una raza maldita que debía aniquilarse. Decían que de ello se dio cuenta el conde, su creador, y que los destruyó antes de morir pidiendo perdón a Dios y, por las dudas, también al Diablo. O al revés: pidiendo perdón al Diablo y, por las dudas, también a Dios.

Todo falso. Charlatanerías, murmuraciones, chismes. El conde Kueffstein no podía ni quería destruir a los que de alguna manera eran sus propios hijos. Temía, mientras agonizaba, que personas ambiciosas y crueles los maltrataran, que los convirtieran en espectáculo circense o en objetos de museo. Entonces, y porque no confiaba demasiado en su valet Joseph Kammerer, llamó a su lecho de muerte a un sobrino muy joven que, con naturales ansias de aventuras, pensaba viajar a Sudamérica. El muchacho se llamaba Joachim von Mitis, tenía más ilusiones que dinero y menos sentido común que una mariposa. Escuchó con unción las palabras de su tío: "Llévate los homúnculos, no te costará nada porque viven sólo del aire; llévatelos y no dejes que nadie los vea, no permitas que nadie comercie con ellos. Y cuando lo consideres oportuno, dales la libertad que se merecen".

El conde murió, Joachim se embarcó rumbo a Buenos Aires. Esto sucedía a mediados del siglo XVIII, te imaginarás que la ciudad no era lo que es ahora. Ni siquiera podía considerársela como una "gran aldea". Joachim y sus homúnculos —que por cierto no mostró a nadie— vivieron primero en una modesta pensión a espaldas de la Catedral. Joachim empezó a ganarse muy mal la vida enseñando alemán, idioma que a nadie le interesaba demasiado por ese entonces. Flaco el cuerpo y más flacos los bolsillos, debió mudarse luego a un pobrísimo rancho en las afueras. Siempre con sus homúnculos, los únicos que no le causaban ni penas ni gastos, y que inútilmente trataron de detener la enfermedad que consumía a Joachim. Cuando éste murió, los mínimos engendros, sin separarse jamás, vagaron por todos los rincones de la ciudad, abrigándose en templos o cementerios, huyendo de las casas de familia donde, como nadie creía en ellos, experimentaban la horrible sensación de no ser.

Con el transcurso del tiempo, Buenos Aires empezó a ser la ciudad que se empina sobre sí misma, que se alarga en interminables calles tentaculares, que se multiplica en un monstruoso desafío de cemento. Y una tarde de fiesta, invisibles entre tantos hombres y mujeres que cantaban y gritaban por alguna de esas estultas razones que hacen cantar y gritar a las multitudes, los homúnculos se encontraron sin querer en la Avenida de Mayo, y vieron que allí se alzaba un edificio con algo de palacio y algo de torta de cumpleaños, el enhiesto sueño de alguien que —sin duda— se habría parecido al inventor de ilusiones que fue el conde Kueffstein. "Esta debe ser nuestra casa de ahora en adelante", declaró el arquitecto. Y agregó: "Con el permiso de Sus Graciosas Majestades", inclinándose ante el rey y la reina. Ni una palabra más. Alígeros, invisibles, subieron interminables escaleras y se alojaron en lo más alto de la torre. En la cúpula del Barolo.

Allí están todavía y estarán siempre.

Como decía al principio casi nadie se da cuenta, porque los porteños tienen otras ocupaciones.

Pero a veces los homúnculos causan proble-

mas tan pequeños como ellos mismos. Porque
no siempre se quedan en la cúpula, a veces salen
sin alejarse mucho de la Avenida de Mayo. En
cierta ocasión, un amigo mío que fue al cine
Gran Victoria, sintió que se sentaba sobre un
ente más chiquito que un enano; en la penum-
bra alcanzó a ver que huía por el pasillo una si-
lueta parecida a la de un arquitecto reducido a
casi nada. En otra oportunidad, cierta vecina ex-
cesivamente conversadora hizo el ridículo afir-
mando que un rey y una reina minúsculos fre-
cuentaban el Tortoni. También sucedió que, entre los obreros que trabajaban en uno de los tantos y tan eternos pozos que se abren en la avenida so pretexto de servicios públicos, se vio un
minero de cinco centímetros de estatura. En las
iglesias cercanas, las beatas suelen ver a un
monje y una monja pequeñísimos; por suerte los
confunden con ratones. Al serafín también lo
confunden, pero con un ángel entre tantos.
¿Qué chico no ha visto que un caballero que
apenas le llega al tobillo, sale a darle una patadita
a la pelota cuando juega en la Plaza del Con-
greso? ¿Quién no ha advertido el azul tan azul y
el rojo tan rojo de los atardeceres, colores pinta-
dos por dos ínfimos seres que parecen huma-
nos? Son los homúnculos del conde Kueffstein,
que como inofensivos fantasmas aparecen en la
zona, y que vivirán por siempre en la cúpula del
Barolo.

44

# NARANJOS

Si a esta casa la llaman "Los naranjos", por algo será. Alguna vez había naranjos a su alrededor. Ahora está allí, acurrucada detrás de la catedral de San Isidro. Antes pasaron muchas cosas en el lugar. Cosas que tenían que ver con los naranjos y, por supuesto, con las naranjas.

Lo que te cuento sucedió hace una pila de años. Los años se apilan, sí, como se apilan los libros. Si uno quiere sacar el de abajo, se derrumban todos los demás. Saquemos el año de más abajo, y que los otros se nos caigan encima. Vale la pena, vas a ver. ¿Qué más lindo que estar tapado de años o de libros?

—¿Vamos? —sugirió Gusti guiñando el ojo izquierdo porque no sabía guiñar el derecho.
—Vamos —Fabián aceptó, dispuesto a la aventura.

Y se hundieron en la siesta, en el intenso olor a jazmines, en el calor envolvente y viscoso. No llevaban ni cañas ni anzuelos, ni hondas ni barriletes. Nada de eso les hacía falta para sentir el escozor del misterio. Porque la tácita intención de ambos era llegar a "Los Naranjos", esa casa custodiada por rejas puntiagudas y feroces. Era cuestión de trepar, a riesgo de romperse pantalones y lastimarse nalgas, para entrar al huerto prohibido y espiar los movimientos de la señora Trinidad, a quienes todos llamaban despectiva y temerosamente "la vieja", aunque no tenía mucho más de cuarenta años. La señora Trinidad hacía cosas incomprensibles. Cosas de loca, decían los mayores. Cosas de bruja, agregaban algunos en voz baja. Doña Trinidad, tan bien nacida y tan vieja, loca y bruja.

Como tantas veces antes, Gusti y Fabián invadirían sus dominios, atisbarían sus gestos y, con una bolsa llena de naranjas, escaparían burlándose de la sorprendida mujer. Esa era la broma, la hazaña, el tema de conversación de los grandes, que disfrutaban de las travesuras de los chicos cuando la víctima era una solitaria que sólo hablaba con sus plantas.

Esa tarde, como tantas otras, pudieron franquear las rejas sin más heridas que las habituales. Una vez en el huerto, se acercaron a la casa ocultándose entre matorrales de hortensias. Vieron a doña Trinidad, regadera en mano, dejando caer chorros cristalinos sobre los canteros de flores mientras murmuraba:

—¿Tienen sed, mis queridas? Sí, sí que tienen sed...

—Está para el manicomio —susurró Fabián al oído de Gusti. —¡Habla con las plantas!

—Callate y escuchá, —respondió Gusti.

—¿Qué dicen, mis chiquitas? —continuaba doña Trinidad caminando hacia los naranjos. —¿Qué dicen, mis naranjos? ¿Que nos están espiando?

Los chicos se estremecieron. Sin querer, la mano de Gusti buscó la de Fabián y la apretó con fuerza.

—¡Oh, sí! —la vieja loca y bruja seguía perorando, haciendo pausas para acariciar los troncos rugosos, las hojas perfumadas. —¿Dos chicos? Bueno, no importa. Ya sé que siempre vienen y se llevan las naranjas. Creen que me roban pero no, en realidad yo les regalo las frutas.

¿Qué mejor destino para una naranja que el paladar de un niño? ¿Cómo?, ¿Que son pícaros traviesos? Por supuesto, un chico que no es pícaro y travieso no es un chico...

Doña Trinidad se había reclinado contra uno de los árboles, apoyando la oreja contra la corteza.

—¿Cómo? ¡No me digan que les tienen envidia! Envidia porque ellos pueden moverse y ustedes no, porque ellos pueden caminar y ustedes no... No se aflijan, mis naranjos. Eso lo arreglamos de inmediato...

Una hora después, Fabián y Gusti estaban de regreso en su casa. Llevaban una enorme bolsa llena de naranjas. Los grandes los miraron con asombro. Y con cierta maligna alegría.

—¿Se las robaron a la vieja bruja loca?

—Ustedes se equivocan —dijo Gusti. —Doña Trinidad no es ni vieja, ni loca, ni bruja. Es... una especie de sabia. Habla con las plantas...

—Mami, ella les manda estas naranjas —agregó Fabián entregando la bolsa. Dice que son riquísimas, y que con las cáscaras secas se da mejor sabor al mate, y que son buenas para la digestión, para los intestinos, para la jaqueca y para...

—... para las lenguas largas —concluyó Gusti.

48

# G A T O

Se arquea suavemente y te mira con sus enigmáticos inmóviles ojos amarillos, después se aleja dejándote en la yema de los dedos la fugaz sensación de un pelaje acariciable y de un cuerpo elástico; se aleja, se aleja con pasos silenciosos, afelpados y va a acurrucarse en un almohadón del sofá y uno se queda sonriendo y pensando que quizás sea cierto; sí, debe ser cierto que nació en el Arca de Noé del estornudo de un león, pero claro, es justamente eso, un león chiquito, qué divertido. Y la sonrisa se te transforma en risa, hasta que de pronto los

¿Que todos los gatos de Buenos Aires están en el Jardín Botánico? Mentira, están en todas partes. Y siempre pensé que en este edificio de la esquina de Tucumán y Talcahuano, uno de los más bellos del *Art Nouveau* que existen en la ciudad, debía habitar un gato mágico. Confieso que tengo la certeza de que existe allá arriba, en la cúpula, donde mi Otro Yo tendría un cómodo habitáculo, reducto de soltero, cálido lugarcito para recibir amigas en compañía de un gato. O para quedarse a solas con el gato. Pero no sé, me daba un poco de miedo, porque ese gato no debe ser un gato como cualquiera, y si te encuentras con él puede que te suceda lo que me sucedió a mí. Esto que vas a leer lo escribí ya en otro libro titulado "LA HORA DE MARIA Y EL PAJARO DE ORO". Si lo transcribo es para que tengas cuidado con ese edificio, con esa cúpula, con ese...

enigmáticos inmóviles ojos amarillos te sorprenden, te clavan, te fijan, te petrifican; un escalofrío te recorre la espina dorsal, el fantasma oscuro de Poe aletea en la ventana, los templos de Bubastis crecen en columnatas dentro de tu propia cúpula con guirnaldas de flores de sexo, el loco aquelarre se desencadena en un torbellino verde y por eso la risa se te muere. No, no sos vos quien se va a reir de un gato, nadie se ríe de un gato, el que se ríe es el gato, únicamente el gato, preguntale a Alicia, la del País de las Maravillas.

# R E L O J

Dicen que este rincón de Buenos Aires, donde se cruza la Avenida Alvear con la calle Libertad, es parecidísimo a cualquier otro rincón de París. Es cierto, tiene un aire señorial, cortesano; uno puede imaginar que el Sena no está demasiado lejos. Suntuosos y elegantes palacios rodean la plazoleta: al frente el que hoy alberga la Embajada de Francia, a la derecha el de la Embajada del Brasil, a la izquierda el del Jockey Club.

Por admirarlos —y realmente vale la pena porque estos edificios son verdaderas obras de arte arquitectónicas—, muchos no se dan cuenta de que entre ellos se yergue un reloj, graciosamente coronado por cinco clásicas farolas. El reloj, como todos los relojes del mundo, tiene forma mandálica, diagrama geométrico y mágico. También como todos los relojes está lleno de horas, es decir de Tiempo. Y ya sabemos que el tiempo es inabarcable en un círculo, que se escapa incesantemente, ineluctablemente, irremediablemente. Y esto es lo que le sucede al reloj de Avenida Alvear y Libertad cuando Buenos Aires se dora de otoño.

Las horas son excelentes danzarinas, bailan sin detenerse alrededor del Sol y de la Luna. Expresan fuerzas cósmicas, arman como en un rompecabezas los momentos de dichas fuerzas y engendran así las ocasiones para la acción humana. Hay que aprovechar esas ocasiones, que siempre son únicas e irrepetibles. Por eso es bueno tener en cuenta aquello de "no dejes para mañana lo que puedes hacer hoy".

Muchísimas, muchísimas horas guarda este reloj dentro de sí; no sólo las que cumplió sin dar campanadas, sino también las de tantos hombres y mujeres que pierden su tiempo. Esas horas dilapidadas en la inactividad, en el aburrimiento o en el bostezo, se meten buscando refugio —como si fuera un nido— en este mandala demasiado generoso y lo atiborran, lo indigestan en primavera y en verano porque no saben adónde dirigirse, en qué emplearse, cómo morirse.

Pero cuando llega el otoño, ah, menos mal, el reloj se alivia; las horas sobrantes, las horas sin uso, las horas malgastadas empiezan a estremecerse y a salir de él en locos remolinos, confundiéndose con las ocres hojas de los árboles que también quieren desprenderse de las ramas y bailar, bailar, bailar. Bailan las horas hojas, bailan las hojas horas, bailan alrededor de los indiferentes transeúntes marcándoles, sin que ellos se den cuenta, los inexorables pasos, el inexorable ritmo de su inexorable destino.

# PUENTE

La estación de trenes de Coghlan es como las de muchos otros barrios de Buenos Aires: pequeña, de un sobrio estilo inglés. Hay en ella un puente que atraviesa las vías del ferrocarril. Un puente, dentro de las limitaciones del diccionario, es "una construcción que se realiza sobre los ríos, fosos, etc., para pasar de un lado a otro". Así no tiene mucha gracia. Más sugestivo resulta lo que dice Juan Eduardo Cirlot (*): "Según Guénon, literalmente, el *Pontifex* romano era un constructor de puentes, es decir aquello que media entre dos mundos separados. San Bernardo dice que el pontífice, como lo indica la etimología de su nombre, es una especie de puente entre Dios y el

hombre (*Tractatus de Moribus et Oficio episcoporum*, III, 9). Por esta razón, el arco iris es un símbolo natural del pontificado. En Israel era la señal de alianza entre el Creador y sus pueblos. En China, el signo de unión entre el Cielo y la Tierra. En Grecia es Iris, la mensajera de las deidades. En multitud de pueblos es el puente que liga lo sensible y lo suprasensible. Sin este significado místico, el puente simboliza siempre el traspaso de un estado a otro, el cambio o el anhelo de cambio. Como decimos, el paso del puente es la transición de un estado a otro, en diversos niveles (épocas de la vida, estados del ser); pero la "otra orilla", por definición, es la muerte."

57

Todo esto y mucho más puede aplicarse al puente de la Estación de Coghlan. Para demostrártelo, nada mejor que esta pequeña y vera historia, que ya contó Cortázar en su cuento *"Lejana"* pero de otra manera.

Una mañana de junio, cuando ya los árboles habían perdido el follaje y la neblina envolvía en húmedos cendales las calles de Buenos Aires, María José bajaba del tren para ir a su Colegio, apenas a dos cuadras de la estación pero cruzando las vías. Como de costumbre se disponía a atravesar el puente, cuando una extraña sensación la detuvo: por un brevísimo instante le pareció estar del lado opuesto. "Tonterías —pensó—, qué cosas se me ocurren cuando madrugo demasiado, debo estar soñando todavía; he bajado como de costumbre, me encuentro en el lugar de costumbre, debo cruzar como de costumbre para ir al Cole, como de costumbre, como de costumbre". Y como de costumbre empezó a subir la escalera metálica, sintiéndola gemir bajo sus pies. Seguía desorientada, sin embargo. ¿Cuál era "el lado de acá" y cuál era "el lado de allá"? Sacudió la cabeza para ahuyentar ideas tan absurdas y llegó a lo alto del puente, entonces vio en el otro extremo, frente a ella, a otra chica con uniforme y mochila cuyos rasgos no pudo distinguir muy bien, a causa de la neblina. Avanzó hacia la muchacha mientras la muchacha avanzaba hacia ella; justo en la mitad del puente se encontraron, se miraron. ¿Se reconocieron? "Pero vos sos yo", dijo María José a su propia imagen que la enfrentaba. "Pero vos sos yo", dijo la propia imagen de María José con la propia voz de María José. Ambas dieron un paso más adelante y sus cuerpos se confundieron; imposible continuar camino al colegio, ya fuera "del lado de acá" o "del lado de allá", porque las dos eran una sola y alzaban vuelo hacia lo alto entre harapos de bruma.

Los que descendían del tren siguiente creyeron ver, por un instante, que el puente tenía los colores del arco iris, y que de él se alzaba un bellísimo pájaro con asustados ojos de mujer.

(*) Juan Eduardo Cirlot: DICCIONARIO DE SIMBOLOS (Editorial Labor).

# C H I C O S

En Belgrano, que ahora es un barrio de Buenos Aires y años atrás fue otra ciudad —capital de la República por un tiempo— hay una iglesia redonda. Redondísima. Con un peristilo de columnas blancas y una linda cúpula muy oronda. Ese gran escritor que es Ernesto Sabato imagina, en su novela *"Sobre héroes y tumbas"*, que de ese templo sale un túnel que penetra en las profundidas de la Tierra y conduce al oscuro país de los ciegos. Como a mí me gusta más el luminoso país de los que saben ver hacia adentro de sí mismos, te cuento este cuento.

Fijate en la pintura de Aniko Szabó: fue hecha a beneficio del Patronato de la Infancia. Por eso los protagonistas de la historia son chicos. Están ahí, en la plaza. Como están en todas las plazas de Buenos Aires y del mundo, pero especialmente en la de Belgrano, que es (shhh) una plaza encantada. Y me dejo de prólogos, isogoges, preámbulos o sanatas.

—Mirá Martín —dijo muy seriamente el papá—, pronto vas a cumplir los catorce y tengo que hablarte de hombre a hombre.

Por el ceño y el tono de la voz, Martín se dio cuenta de que su padre estaba realmente preocupado.

—¿Sí?

—Hijo, ya sos grandecito. Estás en la secundaria y bueno . . . a tu mamá y a mí nos parece que es hora de que dejés de fantasear tanto. Hasta ahora hemos fomentado tu imaginación, te permitimos vivir en un mundo de duendes, gnomos, hadas y fantasmas . . . Nos encantó que nuestros amigos te envidiaran porque leés tanto, cuando otros pibes no leen . . . Pero nos parece que ya es hora de que entrés en la vida real.

—¿La vida real?

—Sí, hijo, sí. Mirá tus compañeros: la escuela, el fútbol, la tele, la computadora, las chicas . . . Eso es la vida real. Tenés que empezar a conocerla, a aceptarla. No puede ser que te pasés los días y las noches soñando con seres invisibles y alados. Pero no queremos forzarte y entonces, disculpá, se nos ocurrió algo que nos parece sano y positivo.

—¿Qué?

—Mirá: tu mamá y yo le pedimos a Juan, María Laura y Graciela, es decir tus mejores amigos, que charlaran con vos. Ellos, aunque tienen tu edad, están más . . . cómo diré . . . más con los pies en la tierra. Con trece o catorce años son menos soñadores. Juan es capitán del equipo, viste. María Laura y Graciela saben hacer unas tortas como para chuparse los dedos. Les pedimos que salieran con vos y, desde su propia adolescencia, trataran de explicarte cosas que tal vez nosotros, los mayores, no podemos aclarar porque no hablamos el mismo lenguaje. Es por tu bien, Martín . . . Mirá, ahí vienen . . .

Martín vio, desde el balcón, que sus tres grandes amigos entraban en el edificio de la calle Juramento.

—Tomá unos pesos —dijo el padre sacando la billetera— y andá con ellos a la plaza. Es un lindo lugar para conversar. Prestá atención a lo que te digan, querido. Es hora de que conozcas la vida real.

La plaza, como siempre, estaba enjoyada de verdes y dorados, de rojos y de azules; la plaza, como siempre, se buscaba a sí misma bajo la mirada vigilante de la iglesia redonda.

—De modo que me van a hablar de la vida real— dijo Martín.

—Por supuesto —contestó Juan—, y de inmediato le crecieron unas orejas puntiagudas, se le agrandaron los zapatos y le apareció en la cabeza un altísimo gorro escarlata.

—¡La verdadera vida real! —gritó María Laura agitando las transparentes alas de libélula que surgían de sus omóplatos.

—¡La única! —confirmó Graciela, pasando un peine de oro por los larguísimos cabellos verdes que brotaban de su túnica de agua.

—Menos mal que todavía nos dura —suspiró Martín mientras se volvía chiquito, cada vez más chiquito, hasta perderse con los otros tres en un macizo de flores.

# JACARANDÁ

El jacarandá es un árbol y es todos los árboles. Tiene sangre azul, la derrama en lágrimas azules. Está en todo Buenos Aires, pero en Virrey del Pino y Forest hay uno —entre muchos— que hace milenios creció en el centro del Jardín del Edén. De él emanaba, y emana todavía, esa luminosidad entre lila y celeste y que asombra a los extranjeros. Nosotros, de tanto verla, casi siempre la pasamos por alto.

La luz del jacarandá nace desde sus raíces, que penetran hondamente en la tierra y que, allá abajo, beben en una fuente inagotable de la cual depende la vida del Cosmos.

El jacarandá es también un eje vertical, que en la copa se expande y que, cuando florece, arranca girones de cielo y los desparrama por todas partes. ¡Pensar que tan a menudo los pisoteamos sin querer!

La historia de este árbol es la del *arbor vitae*, es decir la del árbol de la Vida y de la Muerte. O del conocimiento. También es la del *arbor philosophica*, es decir la del árbol del pensamiento, del crecimiento de las ideas, de la imaginación, de la fantasía, de las utopías sin las cuales nada se hace nunca realidad. Y también es la del *arbor elementalis* de Raimundo Lullio, que simboliza la sustancia primordial de la creación y sus no siempre felices avatares.

Si en el principio de la Historia Bíblica estuvo en el Jardín del Edén: ¿qué hace ahora en todo Buenos Aires y especialmente en Virrey del Pino y Forest? Muy simple: hace lo que siempre hizo: llora en azul por la felicidad que está al alcance de tu mano y tú ni siquiera te das cuenta.

# PALMERAS

¿Por qué hay tantas palmeras en Buenos Aires si ésta no es una ciudad tropical?

Porque las palmeras son muy bellas, sin duda. Decorativas, esbeltas, gráciles; adornan cualquier parque o jardín con su desmelenada donosura. Conversan con los vientos y son mágicas, con decirte que nacen del huevo de un pájaro invisible con grandes plumas verdes. ¿Que cómo sabemos de sus plumas verdes si el ave es invisible? Muy simple, porque se las quita y las deja, transformadas en hojas, en la copa del árbol, para que al abanicar con el soplo del aire ahuyenten sortilegios malévolos.

Pero también, y sobre todo, porque las palmeras son la única defensa contra el diabólico Ahó-Ahó.

El Ahó-Ahó fue traído por un indio mbyá-guaraní cuyo nombre original era Urukure'a, que quiere decir lechuza. Se cuenta que, en efecto, se parecía mucho a una lechuza. Lo habían bautizado con el nombre de Pedro; carecía de apellido. Corría el año de 1689. ¿Qué podía hacer Pedro en Buenos Aires? Nada sino trabajar como esclavo de un orgulloso español, don Felipe de Iriarte, quien lo trataba a golpes y latigazos porque sostenía que los indígenas de estas tierras, aun cristianizados, no tenían alma. Pedro era dócil y manso, sólo una vez se atrevió a levantar la voz a su amo, gritándole que si continuaba castigándolo así, lanzaría contra él un Ahó-Ahó que había traído consigo. Sólo logró desatar las risotadas de don Felipe, quien sabía muy bien que su esclavo carecía de todo equipaje,

de todo bien material. Ignoraba lo que era el Ahó-Ahó, y creyó que se trataba de una fantasía supersticiosa, de una vana amenaza dictada por la ignorancia de aquel ente que, según su entender, era más un animal que un ser humano.

Y siguió maltratando al esclavo, siguió insultándolo, azotándolo. Pedro sólo encontraba alivio y consuelo ante Josefita de Iriarte, única hija de don Felipe. Josefita tenía apenas trece años y se compadecía del indio, curaba sus heridas a escondidas del padre, mitigaba su pena. Para ella Pedro no era Pedro sino Urukure'a, lechuza que sufría el suplicio de todas las lechuzas, condenadas por considerárselas aves de mal agüero. Y Urukure'a, con lágrimas que demostraban que también él tenía un alma, decía que si no soltaba su Ahó-Ahó era para que no atacara a la niña Josefita, tan buena, tan santa.

Pero llegó un anochecer en que don Felipe, irritado por un mal negocio y ebrio, llegó a la casa y se ensañó como nunca con el esclavo, como si él fuera el culpable de sus equivocaciones y fracasos. Aullando igual que el viento del sur, lo ató a un poste y, con un filoso puñal, empezó a tatuarle en el pecho cruces de sangre, sin importarle los ruegos y el llanto de Josefita. No contento con lastimarlo lenta, perversamente, buscó luego un tizón encendido y le quemó el ojo derecho. Iba a hacer lo mismo con el izquierdo cuando el indio, gritando "¡Ahó-Ahó!", rompió sus ligaduras y comenzó a

transformarse en un ser increíble; el cuerpo se le cubrió de lana como la de una oveja monstruosa, el rostro adquirió rasgos ovinos y felinos al mismo tiempo, pero también una fija, llameante mirada de lechuza; manos y pies fueron garras de tigre, enormes colmillos surgieron de las fauces negras y rojas. Era el Ahó-Ahó. Don Felipe trató de huir trepándose a un ombú; pero la bestia increíble derribó la hierba gigante cavando con sus uñas alrededor del tronco y se lanzó contra el que fuera su amo y ahora era su víctima. Mientras desgarraba, atarazaba y dentelleaba, gritó con su voz todavía humana: "¡Niña Josefita, súbase a una palmera, es el único árbol sagrado que no puedo profanar!". La adolescente obedeció sin saber por qué, tampoco supo cómo logró subir por ese tronco tan recto, sin ningún apoyo. Parecía que, desde la copa de la palmera, una fuerza sobrenatural la ayudaba.

Después de cumplida su venganza, el monstruo lanzó una mirada hacia Josefita, que se acurrucaba en la copa como un pájaro aterido y aterrado. En sus pupilas no había sino lágrimas. Las mismas que derramaba cuando era Urukure'a, o Pedro; las mismas que demostraban que todavía era dueño de un alma, aunque para siempre quedara convertido en Ahó-Ahó (*).

(*) Adolfo Colombres: SERES SOBRENATURALES DE LA CULTURA POPULAR ARGENTINA - Biblioteca de Cultura Popular - Ediciones del Sol.

# TELARAÑAS

A principios de este siglo que no se resigna a morir, pese a las amenazas de guerras nucleares y catástrofes ecológicas, Buenos Aires recibía con los brazos abiertos a miles de inmigrantes europeos, en especial italianos. Entre ellos llegó a la ciudad una muchacha de dieciséis años, María Araneo. Era huérfana y venía sola para vivir con sus tíos, que tenían un hijo adolescente, poco mayor que María, moreno y enjuto y bello como un dios del mar.

En la modesta casa de chapas de La Boca transcurrieron unas semanas de alegría y felicidad. María sintió la obligación de ayudar económicamente a sus familiares, y empezó a hacer lo que aprendiera desde la primera infancia: tejer y bordar. Sus manos creaban maravillas: carpetas que parecían de espuma, delicadísimos manteles, encajes, pasamanerías, calados, festones. Obras de hada. Le salían tan perfectas porque, mientras las realizaba, pensaba en su primo, aunque jamás se había atrevido siquiera a rozarle los dedos. Pronto tuvo una clientela tan numerosa como fiel, lo que despertó la envidia de otra italiana, radicada desde mucho antes en el lugar, la *signora* Minerva Atenei. La *signora* Minerva Atenei, que no sólo era tejedora y bordadora sino también un poco (muy) bruja, había puesto miradas y deseos inconfesados en el joven primo de la muchacha. Para sacársela de encima, la desafió a un concurso público. Y una tarde de verano, frente a una entusiasta y vocinglera muchedumbre que no escatimaba apuestas, en el lugar donde hoy se retuerce la calle Caminito, las dos mujeres empezaron cada una su tarea. Si lo que salía de la habilidad y la experiencia de la *signora* Minerva era esplendidez, lo que salía de la inspiración y del genio de María era milagro. La

71

votación popular fue unánime: María era la ganadora, su trabajo superaba enormemente al de la otra. Esta, mala perdedora y presa de una cólera feroz, no se contentó con intentar herir a la joven con sus agujas, sino que también la acusó de mantener incestuosos amoríos con su primo. Era una calumnia, por supuesto, pero los tíos la creyeron y expulsaron a la niña de su casa. La joven encontró refugio en un tugurio junto al Riachuelo, e intentó allí seguir con sus labores para ganarse la vida. En vano, los que antes le habían demostrado respeto y cariño, ahora la abandonaban. Y a su primo no le permitieron verlo nunca más.

Humillada, desesperada y sin nadie a quien recurrir, enferma de soledad y de amor frustrado, María Araneo se ahorcó.

Entonces, recién entonces —no siempre es cierto aquello de que "más vale tarde que nunca"— la *signora* Minerva sintió en el corazón las tenazas del remordimiento. Pero sus sortilegios no podían resucitar a la joven. Esa noche descolgó el cadáver, lirio marchito, y le inoculó un líquido mágico que ella misma preparaba en noches de luna llena. El cuerpo de María fue empequeñeciéndose cada vez más, hasta quedar reducido a una mota blanca de la que surgieron ocho patas veloces. La *signora* Minerva le devolvía la vida. Pero no una vida de mujer, sino una vida de araña. Entró luego a la casa del primo, que dormía en un sueño atormentado, y lo convirtió en mariposa nocturna.

Y las telarañas de María Araneo, tejidas con sutileza alquímica, consteladas de rocío al amanecer, enjoyaron por años y años la calle Caminito. Y serían aún hoy la mejor presea de ese rincón de Buenos Aires, si no fuera porque también allí llegó el progreso, y con el progreso un turístico pintoresquismo multicolor, y con el pintoresquismo la limpieza que no respeta ni siquiera las telarañas tejidas con amor.

Pero María Araneo no se resignó: hoy teje antenas de televisión, puedes verlas si miras hacia arriba. No las teje para que los habitantes vean los estultos programas habituales, sino porque no pierde la esperanza de atrapar en ellas una falena. Una mariposa nocturna.

(*) Este cuento está basado en un viejo mito griego; el de Arachné, convertida en araña por la envidiosa Atenea.

72

# N U N C A (*)

Nunca pasaron en la catedral de San Isidro las cosas que pasaban en viejas catedrales europeas. Nunca, por ejemplo, se realizaron en ella fiestas como la de los locos, que era una fiesta de sabios delirantes que elegían su propio Papa con toda su corte, con un carro que representaba el triunfo de Baco tirado por un centauro macho y un centauro hembra "desnudos como el propio dios"; nunca nadie gritó "evohé, evohé"; nunca se celebró el Asno, *Maitre Aliborom* cuya pezuña hollara el de Jerusalem; nunca tuvo lugar aquí la Flagelación del Aleluya, ni los Entierros del Carnaval, ni las Diablerías, ni los juegos paganos.

Nunca pero siempre.

Porque lo que parece no suceder, sucede.

Y todo lo que nunca sucedió, sucedió en la catedral de San Isidro, por una razón irrazonable. Muy cerca del templo vivió una maga que ningún argentino que se precie de tal debería olvidar.

Se llamaba (se llama, porque es eterna) Victoria

Ocampo. Y su memoria (sus memorias) no necesitan ni siquiera catedrales. Su memoria *es* catedral de Patria.

(*) Leer *EL MISTERIO DE LAS CATEDRALES*, de Fulcanelli (Plaza y Janés Editores), te dará muchas pistas, además de los libros de Victoria Ocampo.

# CAMPANAS Y CAMPÁNULAS

Las hadas odian a las campanas y su odio se comprende, porque fueron implacables, campanadas de iglesias fanáticas las que desataron inquisiciones, persecuciones y torturas; las que las obligaron a huir de su Reino —el de la Naturaleza— y a ocultarse en lóbregas cavernas, en espeluncas espeluznantes, en troncos de árboles cadavéricos, en el fondo de los lagos o de los ríos, en islas flotantes que se sumergen en el mar cuando un barco intenta abordarlas.

Sí, campanas y campanadas son motivo de espanto para el mundo de la llamada "gente menuda", mundo de minúsculos seres transparentes, a veces alados, a veces anfibios, siempre noctívagos. Mundo que también existe en Buenos Aires.

Cuando en agosto de 1806 los invasores ingleses, vencidos, desfilaron por la Plaza Mayor de la ciudad al son de sus instrumentos, enarbolando sus pendones y pabellones; cuando arrojaron sus fusiles a los pies de Liniers; cuando pocos días después se celebró un juego de pato que sedujo a los bien tratados prisioneros, nadie —o mejor dicho casi nadie— prestó atención a un soldado irlandés muy joven, muy ojizarco, muy pelirrojo, muy romántico y poetísimamente poeta. Tan poeta como valiente, tan soñador como sabio. Porque en sus alforjas traía hierbas, flores secas, infusiones que le permitían curar las heridas de sus compañeros. En realidad se había enrolado con ellos no por convicción —ya se sabe que irlandeses e ingleses no siempre son compatibles—, sino por ansia de aventuras. Decía que casi nadie se fijó en él, porque alguien no podía quitarle la mirada de encima.

Era la quinceañera Dolores de Marialva, repentinamente enamorada de ese joven cuya cabellera parecía una llamarada y cuyas pupilas eran como trocitos de lapislázuli. Su nombre, Llew Llewllyn, le resultaba poco menos que impronunciable pero eso carecía de importancia, y no tardó en invitarlo a una de las tertulias en el salón de su madre, doña Elvira Iñíguez de Marialva. Si el irlandés la había atraído por su aspecto físico, terminó seduciéndola con su conversación, que versaba sobre temas tan poco comunes como el canto de las sirenas, el secreto del Nudo Gordiano, la hendidura del pie del diablo, la reina de todas las colmenas, el poder curativo de las plantas . . . Y tantas otras cosas enigmáticas, fascinantes.

Muchos soldados ingleses se casaron con criollas y se quedaron en Buenos Aires. El irlandés Llew Llewllyn no fue una excepción; los padres de Dolores, dispuestos a satisfacer cualquier capricho de su hija, permitieron la boda y allanaron todos los inconvenientes. No pudiendo desempeñarse como soldado, Llew lo hizo como boticario, droguero y herbolario, estableciendo una farmacia que pronto le permitió vivir dignamente.

Dolores y Llew se amaban. No había secretos entre ellos, salvo uno. El le había prohibido que abriera las alforjas que trajera consigo desde el otro lado del mar, diciendo que era peligroso porque contenían sustancias que, si no eran bien manipuladas, podían resultar letales. La joven no estaba demasiado convencida de que aquéllo fuera verdad, pero como su marido guardaba esas alforjas bajo llave, y se la llevaba colgada de una cadena sobre el pecho, nunca pudo saciar su curiosidad.

Transcurrieron muchos años, la pareja tuvo hijos, nietos. Y dinero, mucho dinero, con el que pudieron trasladar la primera farmacia a un lugar que les parecía más adecuado, y que está en la esquina de lo que hoy son las calles Alsina y Defensa. Justo frente a la iglesia de San Francisco, cuyas sonoras campanadas sonaban a cada rato. Toque de alba, toque de oración, toque de agonía, ángelus, maitines, rebatos, repiques; ding dang dong, ding dang dong; la esquina era un continuo redoblar, un continuo repiquetear, un continuo tañer. Dolores no hubiese prestado atención a tanta metálica melomanía campanásica católica porteña, si no fuera porque un atardecer oyó que, del armario donde Llew guardaba sus alforjas, empezaban a surgir también voces atormentadas; ayes, gemidos, ululaciones de vientos sin rumbos, lamentos, desaforados baladros, tristes inflexiones en un antiquísimo idioma desconocido. Coro de condenados, se hubiera dicho, ánimas del Purgatorio, se hubiera dicho. Desesperada, ignorando lo que años después sería la contaminación sonora de bocinas

que agobia a las megalópolis modernas, acosada por voces de campanarios y voces de alforjas bajo llave, enloquecidos los tímpanos, retumbante la cabeza de dolores que hacían honor a su nombre de pila, la pobre mujer desobedeció al marido, forzó el armario clausurado, abrió las convulsionadas bolsas y.

¿Y? Cuando Llew Llewllyn regresó de su club a su casa, encontró a su esposa desvanecida. A su alrededor el enjambre de amados duendes que trajera consigo —por algo además de conocer la farmacopoyesis practicaba la poesía— desde la Verde Erín; todos también desfallecientes y ensordecidos por los campanudos campaneantes campanazos de San Francisco. Estaban desmayadísimas las hadas del castillo de Knockgrafton que sedujeran al pobre Lusmore; estaba el viejo rey O'Donoghue que viviera en las profundidades del lago de Killarney; estaban los evanescentes elfos de Munster y Connacht que disputaban partidos de "hurling" con muy deportivas cualidades; estaban los leprechauns que ya no podían girar como trompos, cabeza abajo, sobre los extremos de sus sombreros puntiagudos; estaba el juerguista cluricaun tan beodo como siempre; estaban casi extinguidos los fuegos fatuos; estaba totalmente abatido el phooka capaz de adoptar la forma de un póney, un perro o un águila; estaba marchitándose la Dama Verde que se disfraza de enamorada del muro; estaban disecándose las acuáticas Roane con forma entremezclada de mujer y de foca; estaban los Merrows que también son sirénidos pero masculinos, consumiéndose de angustia; estaban los Lunatschee, guardianes del endrino; estaba el espectral espíritu del abedul, estaban las bellas maripósicas, las náyades y ondinas acuáticas. Estaban todos los seres de su mundo oculto de boticario, droguero, herbolario y bardo extranjero; todos tratando de taparse las orejitas puntiagudas para no perecer por culpa de las campanas.

Entonces Llew Llewllyn gritó:

¡Campánulas! ¡Necesito campánulas!

Y salió disparado al jardín para recoger esas vegetales preciosuras que, según el rígido diccionario, son "dicotiledóneas con flores de corona gamopétala y fruto capsular como el farolillo y el repónchigo", pero que para las hadas significan muchísimo más. La "gente menuda" usa esas florecillas como sombreros que, al cubrirles las orejas, las protegen del maléfico tañido de las campanas de metal del Santo Oficio. Las campánulas son las más poderosas entre las flores de las hadas, más que las prímulas y el digital y las primaveras; con campánulas pueden realizar sus encantamientos, con su sonido de pétalos azules pueden aniquilar a todos sus enemigos.

Llew Llewllyn recogió montones de campánulas que cultivaba por las dudas —incluida la rarísima variedad llamada C. Waldsteiniana—, y se las arrojó a sus seres imaginarios (¿o no tanto?), que de inmediato se ensombreraron con ellas, las usaron como trompetas, como vestidos y como ensalmos; revivieron gracias a su delicadísima fuerza. Y revolotearon en la habitación para salir luego en emjambres por las ventanas, para combatir a las campanas de San Francisco, pero.

Hay un pero, porque sin peros no pasa nada. El pero está en que las campanas de San Francisco, precioso templo de esta ciudad de Santa María de los Buenos Aires, ya no eran manejadas por tenebrosos torquemadas ni por sacristanes serviles sino por ángeles.

¡Los ángeles! Esto merecería no un cuento, sino todo un tratado aparte.

Y como no quiero cansarte con fingidas erudiciones, me limito a decir lo que siento acerca de este asunto entre ángeles y hadas.

Dios nos creó a todos. En un momento de rebelión, ciertos ángeles cayeron por rebeldes; otros quedaron arriba por obedientes. Para mí, tanto unos como otros son admirables porque todos fueron —son— obras del Creador. Por otra parte, hay que aceptar ciertas cosas que dicen los alquimistas: "lo que está arriba está abajo, lo que está abajo está arriba". Depende de cómo se lo mire.

Pues bien, de los ángeles caídos nacieron hadas, elfos, silfos, gnomos, duendes como los que se trajo de la vieja Irlanda a Buenos Aires Llew Llewllyn. Los otros, alados también, también increíbles para la aburridísima razón cartesiana, conservaron sus categorías que no sólo están en la Biblia sino también en la Kabbala, y que corresponden a un versículo del Decálogo, a una región del Cosmos, a una parte del cuerpo humano y a un espíritu dominante. ¿Ves que no son muy distintos de las hadas? Tampoco es muy distinto un santo de un pecador, un farmacéutico de un mago o de un sacerdote, un murciélago de una mariposa.

Sigo: los ángeles tocaban campanas y las hadas campánulas, cuando en el zumbido y el hervor se mezclaron campanas y campánulas todo fue armonía, esa armonía que puedes disfrutar, si tienes oídos en el corazón, en la esquina porteña de Alsina y Defensa, donde hay estatuas que son testigos, donde hay un templo y una antiquísima farmacia.

¡Ah, me olvidaba! La pobre Dolores quedó por siempre sorda. De Llew Llewllyn no sé qué se hizo, pero total qué importa, si hadas y ángeles siguen habitando Buenos Aires. Campanas y campánulas.

# BUENOS AIRES
# POR ARTE DE MAGIA

Existen las distancias. La ribera es quimera.
Nunca sabrás si aquélla es última o primera.
Nunca sabrás si el sueño precede a la vigilia.
Si la muerte es la vida, o si el agua es la orilla.
Nunca sabrás si el alma se esconde en el espejo
O si la realidad es tan solo un reflejo
Del aire.
Buenos Aires.

Se terminó de imprimir en diciembre de 1986 en Gaglianone Establecimiento Gráfico S.A., Chilavert 1136, (1437) Buenos Aires, Argentina.

El tiraje fue de 2.000 ejemplares constituyendo la primera edición de esta obra.